조금새끼로 운다

임호상 시집

문학의전당 시인선
224

조금새끼로 운다

임호상 시집

문학의전당

시인의 말

주변에 사람이 많아서 시를 쓰고
사람이 많아서 시를 쓰지 못했다.
돌이켜보면 치열하게 시를 쓰기보다
치열하게 누군가를 만났던 것 같다.
시간을 뺏겨 시를 쓰지 못했지만 결국 사람들이 시가 되어줬다.

30년 노상에서 힘겹게 겨울을 이겨내며 나를 키워주신 어머니
매일 똑같은 눈빛으로 20년 곁이 되어준 사랑스런 아내
엄마 아빠의 빈자리를 대신해 준 장모님
밝게 자란 정수와 수빈
모두 내 삶의 에너지이면서 내 시의 원형질이었다.

시를 쓰기 시작한 지 30년, 이제야 첫 번째 시집을 내놓는다.
한결같이 나의 시가 되어준 분들의 고마운 결과물이다.

2016년 여수 모장마을에서
임호상

차례

시인의 말

제1부 다시 그날을 기억하다

길 13
엄마의 정원 14
이사 15
조금새끼로 운다 16
태풍 19
겨울 노동 20
벌초 21
비에 관한 생각 22
추상(秋像) 25
막차를 기다리며 26
다시 그날을 기억하다 28
실직 30
토끼풀 31
시(詩) 32
주차를 하며 34
벚꽃 반칙 35
모기 36

제2부 똥빨

똥빨 39
먼나무 40
복숭아 41
바비큐를 하며 42
목욕탕에서 43
목욕탕에서 2 44
목욕탕에서 3 45
세월 46
단골 47
똥배 넣기 프로젝트 48
미용실에서 49
청하 한 잔 50
기태 형 희은이 형 52
그 사람 만나러 53
야근 54
형수 55
커피메이커 56

제3부 그냥

당신　59
닭새우　60
민화투　61
어머니　62
징함네　64
가지치기　66
막장드라마의 힘　68
꼬막　69
다리가 짧아서　70
아버지　72
이사 2　74
당신에게　76
당신에게 2　78
분만 대기실에서　79
수족관 물을 갈다　80
그냥　81
꽃, 활짝 피다　82

제4부 여수의 노래

모장 풍경　85
쏨뱅이　86
하화도　87
은하횟집에서　88
오동도　89
여수의 노래　90
금오도　93
태풍 루사　94
모장 풍경 2　95
거문리서(巨文理書)　96
섬　98
홍가 갈치조림 전문점　99
헤밍웨이　100
섬 2　102
진수식　103
서점을 나오며　104
벚꽃, 그 말이　106

해설 | 하염없이 사무치는 사념(思念)의 겹들　107
　　 | 정병근(시인)

제1부 다시 그날을 기억하다

길

해가 저물면 돌아오는
아버지의 몸에선 언제나 시멘트 냄새가 났다
마루엔 시멘트 가루가 피곤처럼 떨어져 쌓이고
얼큰하게 취하여 돌아오던 아버지의
겉옷 주머니에선 숨기고 싶은 과로가
서너 개의 못으로 쓰러져 내렸다
실직한 형의 방에도 땀 냄새 섞인 아버지가 젖어 있다
자명종 시계가 어머니를 깨우고
어머니가 다시 형을 깨우는 새벽,
며칠째 어머니의 한숨 소리를 뒤적이며
신문 하단 사원모집 광고를 오려내다
'곧 좋은 소식 있을 거예요'
파스 냄새 섞인 목소리를 남기고
황급히 빠져나가는 어수선한 발자국 소리
습관처럼 버릴 수 없는 어머니의 기도
어둠 속을 오래오래 견디다 보면
언제, 어둡지 않은 길 보일까

엄마의 정원

엄마의 정원은 생각이 깊다
생각이 자라 꽃을 피운다
짧게 혹은 길게 꽃으로 말한다
엄마의 꽃을 관심 있게 들여다보면
정말 오래 웃는다
다른 꽃
다른 사랑으로 기다리는
엄마의 사계절
저 깊은 곳에 숨겨진 오래 묵은 기심
매일 오가는 길은
주름처럼 깊다
엄마의 정원은 늘 거기 있다
오늘도 엄마는 어둠 속에서 문을 열고
계절을 문단속한다

이사

짐을 정리하다
해 지난 학습지도안에서
풀썩 떨어지는 봉급내역서를 펼쳐 들며
차마 버릴 수 없는 것을 찾기라도 한 듯
세월을 넘어 웃고 있는 아내
빛을 잃고 실명한 동전이
가구 드러낸 장판 위에서 눈 비비며 깨어나고
사각의 기지개를 켜는
묵은 먼지 같은 우리들의 겨울
다섯 평의 세월을 묶는다

싱크대에서 그릇 씻는 소리 같은 아이들의 재잘거림
서랍 속에 포개 넣어둔 상장도 걸어야지
큰소리 한번 내지 못한 아이들의 목소리를 풀어놓으며
마음 놓고 벽 위에 못질을 한다

저만치서 아내가 피곤도 잊고
아침 햇살처럼 웃는다

조금새끼로 운다

　중선 배 타고 나간 아버지는 한 달에 두 번 조금이 되어서야 돌아왔다. 초여드레, 스무이틀 간만의 차가 없는 조금이면 바다로 나갔던 아버지들 돌아오는 날. 조금이 되면 어머니 마음도 분주하다. 뜸을 들이는 무쇠솥처럼 이미 뜨거워져 있다. 바다에서 몇 바지게씩 고기를 져다 나르는 날이면 앞마당에 호야불 컨다. 당신의 마당에도 불이 켜진다. 보름을 바다에 있다 보면 얼마나 뭍이 그리웠을까, 얼마나 밑이 그리웠을까. 어머니 마음도 만선이다. 뜨거워진 당신은 선착장 계선주에 이미 밧줄을 단단히 동여맸다. 아버지도 그랬지만 선착장에서 하염없이 기다리던 어머니도 그랬다. 조금이 돼야 뜨거워질 수 있었던 그때, 갯내음으로 태어난 우리들은 조금새끼

　서방 들어오는 날 속옷을 널어 방해하지 말라는 수줍은 경고가 마당에서 춤을 춘다. 어머니의 빨랫줄에 속옷과 함께 널린 고등어 세 마리, 누구 것인지 알 사람 다 안다. 호루라기 불면 들어오라 했는데 어머니의 호루라기는 한참이 지나도 들리지 않고 오도 가도 못한 조금새끼들은 정박한 배처럼 문밖에서 하염없이 기다린다. 어머니는 보름을 기다려 하루를 살지만 조금

새끼는 한 달에 두 번 문밖에서 하루를 산다. 바다에 나가 영영 돌아오지 않는 아버지도 홀로 남는 어머니도 참 많았다. 아버지 한 분에 어머니 둘, 조금새끼 십 남매 그때는 다 그랬다. 한 그물 속에서 그렇게 섞여 살았다고 누이는 막걸리초에 지나온 세월을 버무린다.

어쩌면 남편을 바다로 보내는 어머니는 모두 다 작은 각시 아닌가. 바다는 아버지를 데려다가 보름이 되어서야 돌려보내곤 했는데 언제부턴가 청상과부 작은어머니가 아버지를 차지하고 어머니는 살을 대지도 못했다. 한 달에 이틀뿐인데 그 이틀도 어머니는 멍청이 세월로 살았다. 조금이 돼도 돌아오지 않으면 어머니의 바다에는 소리 내지 못하는 파도가 쳤다.

남의 뱃속에서 낳은 새끼도 남편 핏줄이라고 내색 못해 큰어머니가 엄마가 되는 먹먹한 유년을 살았다. 두 분 다 이해할 수 없는 삶을, 낡은 풍경처럼 서로를 인정해주며 그렇게 섞여 살았다. 아침에 우는 새는 배가 고파 울구요 저녁에 우는 새는 님이 그리워 운다며 조금을 기다리던 어머니의 육자백이, 먼 바다를 향해 청솔개비 두드리던 그 노래를 들으며 우리는 막걸리초처럼 속으로 속으로 삭히며 핏줄이 되었다. 오랜 기다림을 절여 아버지의 입맛을 달래는, 아버지의 하루를 훔치는 어머니의 막걸리초가 되었다.

 어머니의 바다는 속 깊은 먼 바다, 겉으로 파도가 쳐도 깊은 속을 다 알 수가 없다. 날이 새면 어김없이 바다로 가는 아버지를 묶어놓지 못해 뜬눈으로 밤을 샌다. 눈을 뜨지도 감지도 못하고 밤새 하현달로 떠 있는 밤, 이번 조금 아버지 돌아오시면 당신의 아랫목 오래도록 따뜻할 수 있을까. 평생 바다를 보고 살아온 아버지도 어머니도 40년 배를 탔다던 정씨 아저씨도 바다가 무섭다는 말에 술잔에서 파도가 쳤다.

 문밖에서 아버지를 기다리는 파도 소리 자꾸만 자꾸만 어머니의 가슴을 쳤다.

태풍

지금 밖에선
얼마나 많은 것들이 힘없이 쓰러지고 있을까
무게 없는 것들은 또 얼마나 휩쓸리고 있을까
견디지 못해 숨어든 빗물에 비상통로가 젖고 있다
늦게 들어온 무리가
먼저 들어온 무리를 밀치는 힘 싸움으로
쓰러져 내리는 어디쯤
또 얼마나 많은 것들이 떠밀려나고 있을까
상처가 깊을수록 오래오래 우리들의 아침을 장악하는
점령군의 뉴스특보
창문 흔드는 힘센 바람이 멱살을 잡고 흔든다
참지 못하면 허물어지는 지금
수없이 뺨 맞으며 서 있는 자들,

아직 바람은 돌아가지 않았다

겨울 노동

전선 파이프를 묻기 위해 콘크리트 벽을 헐어내는 공사장
발끝으로부터 침투하던 칼바람에 온몸이 얼어붙고
터진 면장갑 새로 우리들의 멍든 겨울이 신음한다
한나절 내내 불을 쬐며 지켜보던 작업반장
점심 약속 있다며 검정 승용차 타고 사라지자
두 개씩 포개 낀 면장갑을 벗으며 불 속으로 달려든다
신발을 벗고 불을 쬐다 양말을 태워 먹은 정씨
자꾸만 몸을 태우며 살아도 풀리지 않는다며
공사장 양철 불통과 씨름한다
허기진 배를 막걸리 한 사발 깍두기 몇 쪽으로 채울 때
아직 다 오르지 못한 건물을 울리는 젓가락 연주
빤히 들여다보이는 하늘을 휘젓고 있다

구멍 난 양말 같은 벽 사이로 스며드는
햇빛 한 바가지에
우리는 자유로운 새가 된다

벌초

복잡한 세상에 가려
분별할 수 없는 한 부분처럼 당신은
키만큼 자란 울창한 세월의 갈대에 덮였지만
탯줄처럼 이어진 길의 희미한 기억으로
나를 이끌었나 봅니다
어릴 적 내 머리카락을 잘라주시던 것처럼
동그랗게 누운 당신을 유년의 기억에 어울리는 모습으로
한 움큼씩 서툴게 잘라냅니다
흰머리를 뽑듯 쑥을 뿌리째 뽑아내며 아직 곁에 계신다면
어색한 세월 같은 백발이
쑥처럼 무성할거라는 생각에 잠겨봅니다
아침, 거품으로 면도를 한 후 깔끔하던 그날처럼
세월에 묻히기 전 또렷한 당신,
쑥 내음으로 일어나 배웅하는 당신 앞에
한 가족으로 어우러진 들국화 묶음 두고
또 한 가족이 왔던 길로 되돌아갑니다

비에 관한 생각

비가 내리면 비가 내리면
오늘처럼 하염없이 비 내리면
Sing in the rain 돈 록우드의
사랑에 빠진 해 맑은 모습
내 가슴에서 자꾸만 물장구친다

비 내리면 비가 내리면
목련꽃 흐드러지게 피는 날이면
제초제로 쓰린 속을 지우고 떠나버린
그 여리디여린 문우가 생각난다
비가 내리면 비가 내리면
프라이팬 한 가득 끓어 넘치던 학교 앞 곱창집
최루탄 냄새와 쓰디쓴 소주를 섞어
시인이 되고 싶었던 6월,
비가 내리면 비가 내리면
김광석의 노래 하모니카 소리 함께 젖는다

비 내리면 비가 내리면

평화당 소라빵, 단팥빵
팥빙수 하나에 숟가락 부딪히던 소리
로망스, 아드린느를 위한 발라드
비가 내리면 비 내리는 날이면 생각난다

실반지 하나에도 가슴 설레던
그 골목길 가로등 고백들
가슴 절절한 사랑은 다 어디 갔을까
담쟁이 넝쿨이 있던 골목 안 찻집
하얀 커피 잔 속으로 맴돌던 클래식 음악은
슈베르트인지, 카라얀의 지휘인지도 모르고
왜 그냥 그렇게 좋았을까

비가 내리면 비 내리면
억척같던 엄마의 흐느끼던 소리 따라
이불 속에서 속으로 속으로 함께 울던 그날
젖은 교과서처럼 퉁퉁 부어 잘 가라앉지 않던 그날
그날도 가끔 생각난다

그래도 비 내리면 좋겠다
비를 맞으며 걸었으면 좋겠다
한번쯤 들이키던 술범벅, 눈물범벅
그 잔으로 오늘을 건배하자
습기 찬 창가에
그냥 보고 싶다고 하자
오늘처럼 비가 내리면 비 내리면

추상(秋像)

제 계절을 잃은 것들에 쌓여 시를 쓴다
쓰지 않아도 버리지 못하는 어머니의 재봉틀과
이제 막 외면당한 선풍기를 생각하며 시를 쓴다
기다리는 것들에 쌓여 시를 쓴다
보자기에 싸인 두툼한 겨울옷과
입택 선물로 들어온 파워크린, 하모니, 센서브라이트……,
다양한 이름의 세제가
제 차례를 기다리는 다락방에서 시를 쓴다
지나간 것들이 버림받는,
버림받지 않는 이유를 생각하며 시를 쓴다
차곡하게 쌓인 다락방의 물건들 틈
빛바랜 앨범을 펼쳐
흑백으로 꽂힌 유년의 기억 그 편린들 속을 헤매다
그만, 시를 잃어버린다

막차를 기다리며

외투 주머니에 손을 넣고
버스의 불빛을 기억해낸다
빛의 크기에 매달리는 한 가닥 꿈은
줄곧 좌절되지만
옆에 서 있는 몇몇 사람들이
서로를 위안하는 희망이 되었다
별들도 막차를 타고 떠난 것일까
하늘엔 동전 같은 별 하나 빛나지 않았다
숨겨진 승차권 한 장처럼
주머니만큼 어두운 하늘엔
반쯤 접혀진 달 하나 있을 뿐이다

택시는 막차가 떠났다는 듯
거만하게 주춤거리다 지나가고
기다림에 지친 몇은
희망을 포기하듯
항복의 손을 들어 택시를 잡는다
희망은 조금씩 잘리어

택시 꽁무니 불빛을 따라
사라졌다, 사라졌다

막차를 기다리며 산다는 건
불씨만 한 희망이
꿈틀거리기 때문 아닐까
다가서는 빛을 향해
힘 있게 달려들자
구겨진 승차권을 반듯하게 펴며

다시 그날을 기억하다

니가 가고
누구도 움직일 수 없을 것 같은 생각들이
무관심한 눈빛들이 순식간에 타오르더라
비에 젖은 장작 같은 한 움큼의 생각들
확 타오르게 하더라
어깨동무하며 일어서게 하더라
한쪽에선 불장난이라고 했지
네가 불길 속에서 힘겹게 신음할 때
죽음을 아쉬워하던 목소리들이
아무리 그래도 무모한 행동이라고 했지
하지만 우리가 그랬을까
네가 죽음으로 말하려 했던 생각들이
그렇게 타오르지 않았다면
우리가 그렇게 한 공간으로 모여들 수 있었을까
바람이 드셀수록 더욱 힘차게 펄럭이는
깃발 같은 우리들의 생각들
그렇게 파닥이며 일어설 수 있었을까
너를 묻고

우리들의 분노를 묻고
어느새 기말고사 시험에 또 네 이름을 묻고
빗소리에 밀려 침묵하는 교문을 나설 때
한쪽 하늘에서 심하게 흔들리던
찢겨진 검정 플래카드 생각난다

붉은 장미꽃 피는 6월
이 교정을 지날 때면

실직

아무것도 모르는
어머니의 아침을 외면한 채
오늘도 변함없이
넥타이를 매고 출근을 서두른다

이력서 상단 소명함판의
내가 나를 지친 눈으로 쳐다보며
못난 놈만 되뇌다 맞이한 아침

밤새 준비한 말
오늘도 차마 못하고

어머니,
다녀오겠습니다

토끼풀

잔디 틈새 무리 지어 핀 토끼풀
그 이쁘디이쁜 꽃을
잡초라고 했다
생명력 강하고 빠르게 번식하는 잡초라며
뿌리째 뽑아야 한다고 했다

한 삽 쑥 밀어 넣으며
있는 힘껏 토끼풀을 떠내는데
실낱같은 수많은 생명들이
집 한 채, 속으로 속으로 짓고 있다
어릴 적 일곱 식구 옹기종기 모여 살던
단칸방 그 집처럼 여러 가족이 모여 산다
순간 내가 참 야박한 집주인 같았다

잔디 아닌 돌 틈에서 환한 꽃 피면
손댈 필요 없겠다
못 본 체 돌아선다

시(詩)

오늘도 주지 않았다, 그녀
애타게
애가 타게

생각만 하면 쉽게
뚝 떨어지는
여물지도 않은 것들에
어찌
이름 붙일 수 있는가

불 켜진 내 안쪽 밤새 기웃거린
나방 같은 언어들
문틀에 쌓인 전사처럼
쓰러져 있었다

새벽기도
어머니의 간절한 언어처럼
내 안의 것

울컥 쏟아내지 못해서인가

그녀는 아직
답을 주지 않는다
확실한 그것
아직 주지 않는다

주차를 하며

머리부터 들이밀면 되는 줄 알았지
생각처럼 되질 않아
꽁무니 사납게 튀어나왔네

후진으로 들어서니
어라,
마술처럼 들어앉네

똑같은 공간인데
참 이상하지

온전히 받아줄 여백 없을 때
가끔 뒤로 물러나
네 시선 먼저 바꿔봐

벚꽃 반칙

귀띔이나 해주지
사방에 벚꽃 활짝 피었네
하루 업무 마치고 나오니, 오메!
말도 없이 일제히 피었네

약 오르지 하며 화들짝 웃고 있네
너의 웃음 반칙
나도 모르게 피는
벚꽃 마음 반칙

모기

언 놈이었을까
잠들지 못하게 하는 새끼
차라리 가슴 아리게 하지
목덜미며 손등 붉혀 밤 간지럽히는,
온통 귀만 열어놓고 어둠을 듣네
숨죽이며 잡을 때까지 잠복근무
윙~ 윙~ 그 녀석이 왔다
순식간에 확 소리를 덮쳤다

불을 켠다 손바닥에 피
있다, 없다,

제2부 똥빨

똥빨

부드럽게 쑥 빠질 때가 있다
느낌 아니까
뒤돌아 안을 들여다보게 된다
오호! 예술이군
아주 멋진 구성
이럴 땐 물도 내리기 아깝지
어느 설치미술 작가라도 부르고 싶다

인생도 때때로 멋진 똥빨처럼
잘 쏟아져 내릴 때가 있지
가끔 뒤를 한번 보자
어제 통쾌하게 먹어치운 보고서의 힘
그 색 그 냄새가 내 속을 이야기하고 있다
아하, 오늘 똥빨 좋군

참 꼬들꼬들한 아침이다

먼나무

길을 가는데 일근이 형님
저 나무가 먼 나문지 아냐 물었다
글쎄요 했더니
먼나무라 했다
먼나무를 먼나무냐 물으시니
거 뭐냐 거시기가 거시기냐 하는
전라도 사투리 같은 나무 아닌가

참 정겹다고 눈길 주는데
이름보다 더 중요한 건
너무 좋을 때 그냥이라 하는 것처럼
우리도 오래도록
거시기 뭐시기 같은 사람이면 좋겠다고 하자
가로수길 즐비하게 선 먼나무들
빨간 사투리 같은 열매를 품고
참 거시기하다는 듯 키득키득 웃고 있다

복숭아

보기만 해도 까칠하다고

언제 진심으로
내 속 알려고나 했을까

눈으로 봐서는 몰라
어루만지고 씻어낼 때
그때서야 알지
속이 문드러져 있는지
아주 단단하고 야문지

한번만 속 깊이 들어와 봐
안에 숨겨둔,
붉게 타들어 간 속이 그냥 보여

가끔 어떤 놈에게 당해
썩어가는 동굴 속 모습까지
훤히 보여주고 싶어

바비큐를 하며

처음 불을 지필 때는 모른다
시간 지나 오래도록 타고 있는 건
크고 실한 참숯 몇 개
그래도 시작은 자잘한 소음을 내는
붉은 열정 덩어리들의 막춤
제 몸을 먼저 태워 불을 지피는 녀석도
금방 타오르지 않는 곁에서
곁이 되어주는 녀석도
늦게 타오르지만 오래 머무는 속 꽉 찬 녀석도
모두 다 똑같은 열정이 있어 제 몸을 태운 것이다

불을 지피다 보면 안다
서로의 온도를 나눠주며 함께 익어가는
노릇노릇한
참 맛있는 세상이 있다는 것을

목욕탕에서

가끔 생각지도 못한 나를
벌거벗은 모습으로 만날 때가 있다
힐끔하고 쳐다보다
벗기 전엔 몰랐던 부항 자국
허리의 수술 자국 그리고
생각보다 많이 나온 배의 볼륨
하지만 내가 본 속내는
속이 아닌 겉의 속 아닌가
썩어문드러졌는지
모두 내려놓고 마음 다스리며 사는지
속의 속은 아직 볼 수 없다

목욕탕에서 2

멀대같이 키 큰 놈이
샤워기도 많은데
왜 굳이 단신인 내 바로 옆에 선 걸까
물을 튀길 때까진 참을 수 있었다
양치질하는 내게 샴푸 거품을 분사하면서
폭포수 같은 번뇌가 일었다
이런 키 크고 배려 없는 놈
영역을 침범한 그 녀석에게
최대한 온도를 낮춰 차디찬 냉수로 저항했다
파편이 온몸에 박혀 물러설 때까지
격하게 몸을 흔들었다

목욕탕에서 3

평소 존경하는 선배를 만날 때가 있다
무방비 상태로 불쑥
그렇다고 가릴 수도 없고
싸가지 없는 마음 다스리듯
그냥 인사만 할 뿐
까마득한 후배를 만날 때도
내 것은 겸손하게
고개를 숙이고 있다, 이미

세월

잔디밭엔 틈만 나면
토끼풀이며 이름 모를 잡풀들이
앞다투어 자리 잡는데
아버지 머리 가운데
한 삽 빠진 곳
누구도 찾아오질 않네
그 흔한 새치 하나 오질 않네

단골

사우나 문을 열고 들어서면
습관처럼 향하는
사물함 145번

참 이상하지
그 많은 사물함 중에
난 아무런 망설임 없이 그 번호로 향한다

아무런 서류도 없이
내 모든 걸 그냥 내준다

똥배 넣기 프로젝트

좀처럼 배가 들어가지 않는다고 투덜대자
음악 소리를 밀치며 들려온다
어이 자네, 얼마나 오래 묵혀둔 것인가
빼는 시간은 쌓아둔 시간의 두 배라네
생크림 떠내듯 쉬운 게 아니라네

빠른 음악에 신들린 듯 흔들어대는
헬스장 유리벽 안 몸부림들
경쟁이라도 하는 듯
허리를 감고 돌아가는 벨트 소리는 왜 또
지방~ 지방~ 지방~ 이라 들리는 건지

오늘 흘린 땀이 얼마이던가
그럴 줄 알면서도
혹시나 하는 마음
체중계에 올려본다

미용실에서

해맑게 웃는 아내의 머릿결 사이에도
새치가 여러 곳 자릴 잡았다
그녀는 염색, 나는 커트
안팎으로 감추고 싶은 세월의 스크레치
바닥에 흩뿌려진다

가끔 디자이너의 눈높이에 나를 끌어올리고
그녀의 생각에 맞춰져 간다
잘려나가고도 남은 미련들
스펀지로 털어내면
원하는 대로 내가 되어 있을까
그녀의 머릿결도 감쪽같이 세월을 넘고 있을까

수고하셨어요, 라는 디자이너의 경쾌한 목소리에
착하게 변한 거울 속 남자
미용실 밖 일상으로 따라 나왔다
수고하셨어요, 당신도

청하 한 잔
―故 송명진 시인께

겨울이 짙어지는 날이면
당신을 그리는 사람들 남쪽으로 옵니다
햇빛만이 매일 매일 다녀가는
봉두시립묘지 당신의 공간
우리는 많이들 잊고 살았네요
그래도 오늘, 여수로 모인다는 기별 받았나요
온다는 소식에 봉분은 잘 정돈되어 있겠지요
자간 행간에 잘 맞춰 잔디도 자라고 있겠지요
편집되어 보이는 봉분 위 그리움의 말들
신작시, Image, 창작마을, 예술세계 그 사이에서
오타인 양 잡풀을 뽑아내면 그립겠지요, 그날이
이곳에선 또 어떤 책을 준비 중인가요
오늘은 그만 일어나 술 한 잔 해야지요
당신이 좋아하는 청하 한 잔 해야지요

추신 : 혜화당 "『정신과표현』 2015 신년호"
　　　당신의 무덤가에서 저희들이 교정 보고 갑니다

*송명진 시인은 1947년 전남 광양에서 태어나 여수에서 문화예술의 중심에서 활동하였다. 상경하여 도서출판 '혜화당' 운영, 종합문예지 『정신과표현』 발행, 예술인의 사랑방 카페 〈리몽〉 등 문화예술인을 위한 다양한 활동과 공간을 제공하다 2010년 1월 8일 영면하였다. 정표예술포럼을 구심점으로 시집 『착한 미소』를 남겼다.

기태 형 희은이 형

언제가 꼭 껴안아 주면서 내 동생 하는데
그 체온 오래도록 따뜻했다
누군가의 문을 열면 그냥 지나치지 않는다
아랫목에 손을 넣고 불조절하는 어머니처럼
낮은 곳 작은 마음까지 살펴주는
따뜻한 온도 기태 형과 희은이 형
둘은 참 닮았는데 서로 모르고 산다

내가 대본 쓸 일이 있다면
선술집에 우연처럼 두 형을 불러
서로의 온도를 재주고 싶다
누군가에게 군불 지피며
오래도록 따뜻하게 곁이 되어주는 남자
팔짱이라도 끼고 싶은 그런 남자
두 형이 주인공이 되는 대본을
나는 지금 쓰고 있는지도 모른다

그 사람 만나러

여수행 심야 우등고속
종점에 가까워지자
옆에 앉은 여자 신기하게도
어둠 속에서 거울을 보네
어둠 속에서 화장을 하네
그런 거 같네 그 사람 만나러 가는 것 같네
설레는 마음 새벽을 달려
어둠도 이기네
사랑에 시간이 어디 있나
밤이고 새벽이고
보고 싶으면 달려오는 게지
새벽을 껴안은 사랑
그게 더 간절한 사랑이지

도둑고양이 같은 그 여자
향수를 뿌리며 내리네
어둠 속에서도 행복해 보이네

야근

늦은 밤 어두운 침묵을 열고
작전 수행 중인 초병처럼
촉각 곤두세우며 들어선다
"왔어요" 하는 암호도 오늘은 침묵
거실과 방 안에서 각자 잠복근무
오래되니 어둠도 옅어진다
한참을 기다리면 뒤척임마저 익숙한데 거실에 누운 두 여자
어느 쪽이 마누라고 어느 쪽이 딸인지
벌써 다 커버렸네, 내 딸

형수

누군가 새벽을 깨우는 소리
싱크대 위에서
안개 낀 눈을 비비며
새벽의 강을 건넌다
남이 우리가 되는 연습
언제쯤 자연스럽게 하나가 될까

안쓰러운 그대의
새벽을 뒤지는 소리

당신은 오늘도
모두 잠든 시간
먼 새벽의 강을 건너며
또 다른 이름의 어머니가 되어간다

커피메이커

에티오피아 에카체프인가
혹은 케냐인가 네가 온 그곳
온몸 으스러져도 속까지 진밤이거나
문드러져 속 타는 블랙이거나
끝내는 부글부글 끓어오르는 소리로
오르가즘 느끼다
이내 숨 고르며 완성되는 사랑
이 밤 느끼고 싶어
부드러운 아침 깨우고 싶어
애타게 부르는 검은 유혹의 눈물
아메리카노 아메리카노

제3부 그냥

당신

19도 잎새주
아무리 마셔도 취하지 않더니만
36.5도 당신
그 눈빛 한 잔에
확,
취하네

닭새우

매운탕 속 숨어 있는
굽은 허리

평생 바다를
이고 다녔나 지고 다녔나

그 바다 끌고 와
내 쓰린 속 달래주는 단단한 세월

어, 머, 니,

민화투

구순의 할머니 민화투를 좋아하신다
치매에 좋다고
가족들만 모이면 일부러 판 벌이는데
거짓말처럼 밤새도록 생기가 넘치신다

얇은 패처럼 엎드려 알 수 없는 삶
뒤집어봐도 줄곧 제 짝을 못 찾고
자리가 안 좋다며 투덜대기도 하지만
이야기꽃, 웃음꽃 피우다 보면
가끔 기회가 오기 마련이다

자신이 모은 것 펼쳐놓고
버려야 할 패와 셈해야 할 패를
악착같이 구분하는 할머니
때가 되면 가족들에게 가진 것 다 나눠주고
이제 그만,
쉬고 싶다고 하실지 모른다

어머니

내 어머니가 바로 그분이시다
그래 맞다, 그 용맹스러운 과일장수(將帥)
어머니의 전장은
서시장 두 번째 다리 초입
30년 지루한 전쟁에도 끄떡없는 그 요새의 주인
결코 물러섬이 없는 장군이다

굳이 줄을 긋거나 표시가 없어도
어머니가 출전하는 날이면
모두들 자리를 내주고 비켜섰다
어떻게 지켜온 자리인가
동 직원 철거 명령에
도망가기도, 악을 쓰며 대들기도
그렇게 자리를 지켜낸 그분이다
30년 어머니의 용맹을 알기에
병석에서 몇 달이 지나 나올 때도
그 자리는 누구도 고집하지 못했다

다라이 몇 개에 목숨을 내걸고
화살 같은 칼바람에도
물러서지 않고 그 자리를 지켰다
추위를 견디는 것이 아니라
군장인 양 보듬고
칼바람 부는 날 휴전도 없이
오늘도 중무장하고 그 날선 새벽을 연다

얼었던 연등천은 진즉 풀렸는데
어머니의 발가락 동상은
봄이 되어도
봄이 되어도 아직 풀리지 않았다

징함네

당신이 그랬던 것처럼
아들 녀석 말을 배워
가끔씩 내뱉는다
'징함네~'

약속시간 늦어도
취해서 들어올 때도
'징함네~'

시도 때도 없이 쓰는 것 같아도
적절하게 쓰는 걸 보니
허허, 웃음이 난다

알고나 하는 말일까
아들 눈에 무에 그리 징할까 생각하며
나도 모르게
그 녀석 참 '징함네~' 하는데

뉴스를 보며 어머님도 한마디 하신다
'징함네~'

세상
참,
징함네~

가지치기

아버지의 거실은 화분들이 많아도 정갈해 보였다
줄기도 잎들도 윤기가 났다
물을 줄 때도 정성이지만 자주 가위를 들곤 했다
마른 잎들 섬뜩하게,
싱싱한 것들도 함께 잘라냈다
웃자라거나 뭉쳐 있던 잎들이 힘없이 쓰러졌다
스스로 떨어져 버린 것들과
어쩔 수 없이 잘려나간 것들이
신문지에 함께 버려지고 있었다

지난밤 숙취 해소제를 먹고도 이겨내지 못한, 흙물들
물받이를 넘어 밀려나 있다
과하면 위로도 아래로도 넘치는 법
오늘도 버려지지 않기 위해 쓰린 속을 안고 출근하며
모두에게 안부를 묻는다
가지치기를 하기도 하고
가지치기 당하기도 하는 아버지가 되어가면서
당신에게 묻는다

속은 좀 어떠세요?

막장드라마의 힘

뻔한 스토리 알면서도
내일이 궁금하다
그럴 줄 알면서도
한 번 더 속아 오늘도 채널 고정
한참을 보다 보면 참다못해
A C Pal 저것들을 콱
괜히 봤다고 하면서도
혹시나 하는 마음
Happy Ending 아침을 기다리네

꼬막

이 밤 아무리 뜨거워도
함부로 열지 마

열릴 듯 말 듯
문고리 꽉 잡아

내 손 닿으면
그때, 못 이기는 척
선홍빛 마음 열어

다리가 짧아서

비가 와서 계단이 미끄러웠나 보다
내딛던 왼쪽 다리 아래로 미끄러졌다
딱 계단 세 칸 남겨놓고 이게 웬일
다리가 짧아서인지 바닥 끝에서
다리 찢기 모양새로 발버둥쳤다
뒤에서 부축해주던 친구가
신발이 다 닳아서 그런다고 위로의 말을 던진다

아침에 일어나니
장단지에 손바닥만 한 피멍 들었다
큰일이다 싶어 찾은 한의원에서
침을 맞고 부항 뜨며 곰곰이 생각했다
비가 와서일까
신발이 닳아서일까
애써 이유를 찾아가며 부정해도
결론은 내 다리가 짧다

오늘 아침 아들에게

평소보다 큰 컵에 우유를 따라 내민다
"아들, 니가 내 맘 알어?"

아버지

밤새 잠들지 못하는 당신의 턴테이블
치료가 어렵다는 의사의 말과
흠집 난 음악이
반복해서 신음한다

간절함에 커지는 아버지의 언어
어~ 어~ 소리만 반복하는데
어렵게 움직이는 손의 방향으로도
무엇을 말하는지 어머니는 안다

아픈 시간처럼
잡음이 섞여 있어도 우리는
카트리지 바늘을 들어 올리거나
전원을 끌 수 없다
아직, 다음에도 또 그다음에도

더 이상 음악이 아니어도
손때 묻은 케이스를 보면

지울 수 없는 추억
놓을 수 없는 세월 아닌가

이사 2

아이들의 유년, 10년의 세월을 들어낸다
어머니의 검버섯처럼 진하게 얼룩진
싱크대의 환풍구
누군가 이사 오면 새로 갈아야 할 일이다

하나뿐인 화장실, 출근과 등교 사이
발버둥 치던 아침의 기억
이사와 함께 실려 가겠네
아이들은 쑥쑥 자라 침대 밖으로 밀려나고
냉장고는 어느새 세 개로 늘어
동맥경화처럼 좁아드는 주방 통로
가족들 모이면 비좁아도 옹기종기
마음도 몸도, 그래서 참 따뜻했는데

침대 뒤며 가구 들어낸 바닥엔
오래 묵은 먼지들이 켜켜이 쌓여 있다
참 신기하지, 빛이라도 들면 하나 둘 보이던 먼지들
이렇게 뭉치째 숨어 살았다니

굳은 표정으로 우리를 쳐다본다
마치 10년 사글세라도 청구 당할지도 모른다는 초조함
함께 쫓겨나야 하는 억울한 표정이다

서너 겹으로 몸을 접어 견뎌온 오랜 세월
그 무게 다 들어내고
이제야 허리를 펴보지만
구겨진 장판 조각들은
금방 제 모습을 찾지 못했다

당신에게

그런 것 같네요
당신 말대로 난 사기꾼

TV 광고처럼
퇴근해 돌아오는 남편을 위한 저녁상은
항상 쓸쓸하고
당신의 바람 자꾸만 무너지는데
꿈꾸던 일요일도
주택복권 은빛 희망처럼 아쉬움만 주네요

오늘도 당신,
누구를 위해 저녁을 준비합니까

렌즈 속 웨딩포토 같은 당신의 신혼
기념일에나 겨우 살아나고
당신 말대로 난
어쩔 수 없는 사기꾼인가 봅니다

하지만
사무실 컴퓨터 앞에서
밤새 어깨가 무너져 내릴 때
당신의 품
잠든 아이들의 모습
얼마나 그리운지

당신과 아이들을 위한 시간
연체된 대출금처럼
12개월, 24개월 할부로 갚아갈 수 있다면
매일 조금씩
내 사랑을 풀어놓고 싶습니다

당신에게 2

오늘도 약속을 지키지 못하고
집으로 향하는 늦은 발걸음
내내 기다리다 잠들었을까
문을 열고 들어서며
당신의 인기척에 촉각을 세운다
이불 사이로 반쯤 노출된 당신의 기다림과
아이들 숨소리가 함께 뒤척인다
어쩌면 미안해할까 봐
잠든 척 숨죽이고 있는지도 몰라,
아이들은 금방이라도
왜 이렇게 늦게 들어왔냐며
벌떡 일어날 것도 같은데
다행히 숨소리가 고르다
당신과 아이들의 틈 속으로 들어가
이제야 완성된 합체 로봇처럼
팔베개 하고 누우면
가난한 방에도 슬며시 어둠 내리고
부끄러운 아버지의 이름이 함께 잠든다

분만 대기실에서

꽃보다 더 위안되는
어떤 말을 준비해야 할까요
분만실 문틈에서 새어나오는 신음

대기실 벽 위에서 혼자 가는 시계처럼
자꾸만 아른거리는 당신의 기억을 누르고
아기의 힘찬 울음소리
땀과 눈물로 뒤범벅된 당신의 모습 그대로
아기도 엄마도
같은 모습으로 맞이하는 바깥세상

당신,
참 힘들게 안았군요
엄마라는 이름

수족관 물을 갈다

때가 되면 갈아줘야 돼
하지만 한꺼번에 다 갈면 모두 병들고 말 거야
그래서 어머닌
적당한 염분과 함께 고인 물을 반쯤 갈아 넣고 있어
안을 가만히 들여다보면 질서가 있어
입술을 쪽쪽 내밀고 다니는 바람둥이
자신들의 구역을 좀처럼 벗어나질 않는 상류층의 무리
숫제 밑바닥만 기는 청소부 고기며
한결같이 제자리를 지키고 있어
하지만 먹이를 앞에 두면 어쩔 수 없이
경계를 넘어 버리는 집착들,
어머니 손길 아래 파닥이고 있어

아무 일도 없었다는 듯이
아무 일도 없었다는 듯이

그냥

아내가 물었다 왜?
그냥

딸이 물었다 아빠 왜?
그냥

건성으로 대답한 것 같지만
가장 깊고 정다운 말
그냥

그냥 좋다 그 말이

당신처럼
이유 없이 그냥 좋다

꽃, 활짝 피다

같은 날이라도
활짝 웃을 때가 있다
꽃도 사람처럼
당신도 꽃처럼

따뜻한 오후
배부른 듯 졸리운 듯 기지개 켜는
햇살,
활짝 핀다

저 웃음
저 흔들림
저 일상

활짝 필 때 있다

제4부 여수의 노래

모장 풍경
—모장마을 일몰

큼직하게 잘 익은 홍시 하나
소경도, 샛섬, 넓섬
어떤 녀석 줄까 망설이다
슬그머니 모장 앞바다에 내려놓는데
소경도 녀석 참 속도 없지
할미 맘도 모르고 욕심 부리다
지놈 뾰족한 등짝에 터져
바다가 온통 벌겋게 번져버렸네

쏨뱅이

바위처럼 무뚝뚝하게
수묵화처럼 시커멓게
움직이지 않으면 누가 알까
수족관 안 다른 애들과 함께 있어
고것이 생선인 줄 알지

옆에 있던 형님 한 말씀
너 안 먹어봤지
못생긴 게 참 맛있다

조금 전 매운탕으로 먹은
빛깔 좋은 참돔은 잊고
수족관 안 고것을
한참 동안 바라보다 왔다

하화도

담벼락에도 꽃이 피었다
벽화를 그리듯 환하게 웃는 햇빛 따뜻한 가을쯤
꽃을 보러온 사람들이 한 다발 꽃으로 내리고 있다
세월이 낸 길을 따라 걷다 바람에게 묻는다
우리 얼마나 걸어왔지?
마을 어귀에서부터 따라온 수줍은 바람
그냥 말없이 웃는다
바람도 심호흡하고 원점 회귀하니
꽃들이 먼저 와서 야영하는 그곳으로 되돌아가야겠다
구절초 흐드러지게 피는 꽃섬
이곳에선
뒤돌아보기 위해 걷는다

은하횟집에서

횟집을 소개한 내게 묻는다
고기 이름이 뭐다요 참 맛있네
수족관에선 대충 알 수 있지만
벗고 누었으니, 고것 참
이름이 뭐 필요한가
철 따라 그 맛 다른 자연산이면 됐지

바다가 대신 꼬리를 흔들었다

오동도

가시내, 쑥스러운가

가슴팍 몽우리로 엎드려
겨우내 있더니
이제사 동백꽃으로 피고 있네

붉은 그리움
툭, 툭, 피멍 지네

여수의 노래

여수에 오면 안다네, 여수에 오면 다 안다네
둘러보면 모두 한 폭의 그림인 것을
낮이고 밤이고 발길 머물게 하는, 미항이네
천재화가 손상기 예암산 둘레길에서 바다를 배웠다네
강화백 붉은 덧칠로 다시 피어난 동백꽃 여수
이화백 넘너리 아침을 넘어 바다 속 풍경을 지나
화가를 꿈꾸는 어린이집 수빈이의
상상 속 바다 그림이 되었다네

여수에 오면 안다네, 다 안다네
귀 기울이면 사방이 모두 가락이요 장단이란 걸
먼 바다를 뒤적이며 거문도 뱃노래를 불렀다네
술비야 술비야를 불렀다네
만선으로 돌아오는 날이면 선술집 어디나
막걸리 한 사발 젓가락 장단은 기본이라네
골목 골목 상다리 두드리는 소리
당신을 넘어 담을 넘어 바다를 달래고 있었다네
새벽까지 차르르 차르르, 오히려 파도는

밤새 정박한 배를 달래고 있었다네
그 시절 우리는 그렇게 다 듣고 귀명창이 되었다네

여수에 오면 안다네, 여수에 오면 다 안다네
맛집이 어디냐고 물으면 촌놈이란 걸
그냥 문 열고 들어가면 다 맛집인 것을
식객의 허영만 화백도 여수 사람 아닌가
싱싱한 바다를 갓 건져 한상 차리면
서대회, 금풍쉥이, 장어탕, 아니 그냥 백반도
어머니 손맛이면 특급 호텔 부럽지 않네
여수에 사는 우리, 여수로 오는 당신
그 좋은 음식 한 접시면
하루를 머물러도 여수 사람이 되네

인생 뭐 있나 잠시 접어두고 그냥 내려오소
섬과 섬 사이 징검다리로 넘나드는 바람이
물길을 여네 당신을 반기는 연습을 하네
편안 마음으로 그냥 한번 오소

서대회 한 접시에 막걸리 한잔하세
여수에 오기만 하면,
오기만 하면 여수는 다 자네 것일세

금오도

오지 마라
이곳은 왕의 나라, 황후의 섬
아무나 오지 마라
당신이 선 이 땅, 이 바다
풀 한 포기 바람 한 줌까지
모두 봉황이 지켜온 것이니
쉽게 오지 마라 아무나 오지 마라
벼랑 끝 내몰리던 간절함으로 오라
비렁길 걷는 어디에도
경건하지 않은 곳 있으랴
여수에 올 때는
금오도에 올 때는
그대,
아름다운 섬이 되어 오라

태풍 루사

독한 년
밤새 머끄댕이 잡고 흔들더니
많이도 뽑았네
쥐어뜯긴 저 흔적들 사이
겁먹은 표정들
모두들 수군거리며 안부를 묻네

큰 바람 한 이틀 불고 나니
휴,
작은 바람쯤은
우산 하나면 견딜 수 있겠네

모장 풍경 2
—감나무

툭 소리에 밖을 보니 아무도 없네
툭 소리에 또 밖을 보니
바다 보이는 풍경뿐이네
지나는 바람뿐이네
혹시 몰라 문 열고 나가보니
감나무 나를 부르는 소리
제 몸 몇 개씩 툭 툭 던져
날 부르는 소리
문 밖에서 날 지켜주는 오래된 친구
가을바람 깊어오면
니 마음 알 수 있게
그냥 붉은 마음 몇 개만 남겨두게

거문리서(巨文理書)

귤은 서(書)

별 더욱 밝으니 어둠 더 짙었구나
이곳 유촌에선 그 빛 다 내 별
아 저 별들 깎는 파도 소리 그치면
그 소리 그치면 누굴 주랴
칼바위 파도 소리에 깨어보니
달 밝은 밤 그 별 다 어디 갔나
목넘애에서 등대 가는 길 수월산
저리도 붉게 동백으로 뚝뚝 내려
죽어서도 모여 사네
붉은 배경이거나, 거름이거나

만회 서(書)

모르지 재 넘어보지 않으면
바다 넘어보지 않으면 모르지
떠나보지 않으면 내 골목길 신작로
어디로 가고 있는지 모르지
짓궂은 파도 장난질 귀띔이라도 하러 가세

삼부도, 백도 쓰다듬던 앞바다
조실모친 신지께로 다시 사네
은갈치처럼 반짝거리던 것 당신 맞네
이제 보니 알겠는가
파도가 매일 오는 이유를 알겠는가

---

*거문도를 대표하는 두 문장가로 유촌 출신의 귤은 김유 선생과 서도리 출신의 만회 김양록 선생.

섬

조물주가 실수로 깨트린
파편 같은 것
우연히 이곳에 박힌 거야

아니, 파도처럼 뛰는 당신의 심장에
승부수를 던진 거야
한번 허락하면
평생을 그렇게
발목 잡혀 살 줄 알면서
내 모든 걸 단단하게 다짐하고 던진 거야

홍가 갈치조림 전문점

배부를 수밖에 없다
바쁜디 왔다고 욕 얻어먹고
예약 늦게 했다고 욕 얻어먹고
2인분 시켰다고 욕 얻어먹고
오랜만에 왔다고 욕 얻어먹고
손맛 믿고 손님들 깔보는 저 자신감
그냥 그 말들은 와서 좋다는 말
주방에서 기름 톡톡 튀듯
쉼 없이, 정이 욕으로 투덜투덜 튄다
눈치 빠른 사람들은 주방 앞에 서서
서빙은 셀프라며 스스로 쟁반을 든다
밑반찬 어느 것을 먹어도
막걸리 한 사발 절로 넘어간다
냄비 한 가득 넘쳐나는 당신의 손맛
진한 조림 맛처럼 그 인생 찐하게 스며들었다

헤밍웨이

오늘도 문밖에서
금빛 술을 마시고 취한 주정뱅이 노인상이
손님을 맞는 cafe

유리문을 열면
오래 기다려온 섬 하나
바다를 달래고 있는 갈매기 하나

오늘 당신의 소설에는
또 어떤 음악이 흐릅니까
유리벽 두드리고 가는
바람 한 점의 물음
당신이 좋아하는
"December"

어둠이 내리면
생각의 무대 위에 검은 막을 내리고
난 이곳에서

밤새도록 취하고 싶어라
아, 바람 불고

섬 2

바다에 갇혀 사네
아니, 바다의 사랑 다 받고 사네
때로는 은빛 굴레에 속아
어머니처럼 누이처럼
마음 다 받아주는 여자
그냥 그렇게 묻어두고
못 이기는 척
알면서도 그냥 그렇게 사네

진수식

당신의 안쪽으로 처음 발 담그는 아이처럼
뭍에서 바다로 미끄러지는
처음 그 두려움도 있겠지만
수줍은 듯 오색 깃발 펄럭이며
당신의 가슴 열어젖히고
괜찮은 듯
뱃고동 소리로 힘찬 출발을 합니다

온몸에 갯내음 젖어 있는 이야기들
바닷바람에 익어가는 핏줄 같은 그리움
삼킬 듯 덮쳐오는 파도
어영차 어영차 바다를 걷어내는
사내들의 목소리가 그물에 포박되어
만선의 기쁨으로 되돌아올 때
우리는 당신의 만선을 하얀 포말로 이야기하며
뭍으로 뭍으로
함박웃음처럼 달려오겠습니다

서점을 나오며

전에는 말입니다
엉덩이가 번들거리도록 닳아진
교복을 입고 다니던
전에는 말입니다
누군가에게 보내는 편지 속에
윤동주의 서시나 김춘수의 꽃을 보냈는데 말입니다

매운 교정을 거닐 땐
진짜 자유가 뭔지도 모르는 채
태백산맥, 통일, 민주
이런 단어들로
술자리를 채웠는데 말입니다

그런데 지금은 말입니다
넥타이와 와이셔츠가 익숙해진 지금은
직장인 손자병법이나
성공사업 같은 책 사이에서
한참을 머무는데 말입니다

서점을 나올때는
풀꽃 같은 시집을
사들고 나온단 말입니다
참 이상한 일입니다

벚꽃, 그 말이

숨이 막히도록 달려들었네 그렇게 며칠
그 마음 다 받아들일 시간도 없이
한꺼번에 쏟아낸 말들
며칠을 서성거린 말들
곧 바람이 온다는 말인 줄 몰랐네
쉼 없이 눈부시던 그날
꽃비만 환하게 보이던 그날엔
빨리 가야 한다는 말인 줄 몰랐네
바람이 불고 나서야 그때 알았네

해설

하염없이 사무치는 사념(思念)의 겹들

정병근 시인

　대개 첫 시집은 자신의 내면을 처음 내보이는 경각심으로 인해 자전적인 서술에 기댄 시편들이 많다. 살아온 처지와 형편을 알리고 싶은 선주문(先注文)이 마음을 채근하기 때문이다. 내적 자아의 정체성을 확립하고자 하는 순(順)욕망이 시를 밀어올린 결과이다. 술자리에서나 찜질방에서 나누는 대화들도 결국은 자신을 알리는 데 바친다. 어디에서 태어났고, 어떻게 살아왔으며, 지금은 어떤가. 이처럼 우리는 저마다 신산곡절의 연대기를 가슴에 품고 산다. 가난과 관련한 가족사, 이별(죽음)의 아픔과 기구한 운명, 관계와의 갈등, 사회적 실패와 후회 등등. 글로 쓰면 '소설 열 권도 넘는' 사연들이 우리의 기억 속을 헤맨다. 가슴에 응어리진 기억은 발설과 고백의 비원을 간직한 채 언젠가는 풀어야 할 숙제처럼 내면을 짓누른다. 무엇을 해도 시원치 않은 마음 상태가 지속될 때, 문득 시가 찾아온다. 시는 시시때때로 찾아와서 시인에게 말할 것을 종용한다. 시는 글이면서 말에 가장 가까운 문학 장르이다. 그러나 시인은 시(말)를 쓰려고 하지만 생활이라는 난관에 부딪친다. 밥을 벌어야 하고 사람을 만나는 데 시간을 소비하다 보면 흐르는 세월 속에서 시는 또 하나의 밀린 숙제가 된다. "주변에 사람이 많아서 시를 쓰고/사람이 많아서 시를 쓰지 못했다./돌이켜보면 치열하게 시를 쓰기보다/치열하게 누군가를 만났던 것 같다./시간을 뺏겨 시를 쓰지 못했지만 결국 사람들이 시가 되어줬다./…(중략)…/시를 쓰기 시작한 지 30년, 이제야 첫 번째 시집을 내놓는다./한결같이 나의 시가 되어준 분들의 고마운 결과물이다."(「시인의 말」 중에서) 임호상 시인의 이런 고백은 생활인으로서 시 쓰기가 얼마나 어렵고 힘든 일인가를 잘 알려주는 대목이다. 시력 30년 만의 첫 시집은 그래서 더욱 소중하게 다가온다.

　임호상 시인의 시는 과거의 상처를 서술하는 것으로 출발한다. 그 상처는 가난과 관련이 있다. 시인은 「길」이라는 시를 통해 곤궁한 가족의 형편을 내보인다. "해가 저물면 돌아오는/아버지의 몸에선 언제나 시멘트 냄새가 났"고 "실직한 형의 방에도 땀 냄새 섞인 아버지가 젖어 있다". "습관처럼 버릴 수 없는 어머니의 기도" 소리를 들으며 어린 시인은 "언제, 어둡지 않은 길 보일까"라며 가난을 자탄한다. 그리고 "묵은 먼지 같은 우리들의 겨울/다섯 평의 세월을 묶는다"(「이사」)는 또 다른 서술을 통해 결혼 후 시인의 가족 역시 가난하게 살았음을 추억한다. 이처럼 가난은 시인의 삶을 이해하는 단초이며 독자의 심금을 울리는 가장 순도 높은 제재가 된다.

  이 시집의 표제작인 「조금새끼로 운다」는 시의 길이나 내용을 봐서 역작이라 할 만하다. 다소 긴 산문 형식의 시이지만 전문을 인용해본다.

    중선 배 타고 나간 아버지는 한 달에 두 번 조금이 되어서야 돌아왔다. 초여드레, 스무이틀 간만의 차가 없는 조금이면 바다로 나갔던 아버지들 돌아오는 날. 조금이 되면 어머니 마음도 분주하다. 뜸을 들이는 무쇠솥처럼 이미 뜨거워져 있다. 바다에서 몇 바지게씩 고기를 져다 나르는 날이면 앞마당에 호야불 켠다. 당신의 마당에도 불이 켜진다. 보름을 바다에 있다 보면 얼마나 뭍이 그리웠을까, 얼마나 밑이 그리웠을까. 어머니 마음도 만선이다. 뜨거워진 당신은 선착장 계선주에 이미 밧줄을 단단히 동여맸다. 아버지도 그랬지만 선착장에서 하염없이 기다리던 어머니도 그랬다. 조금이 돼야 뜨거워질 수 있었던 그때, 갯내음으로 태어난 우리들은 조금새끼

    서방 들어오는 날 속옷을 널어 방해하지 말라는 수줍은 경고가 마당에서 춤을 춘다. 어머니의 빨랫줄에 속옷과 함

께 널린 고등어 세 마리, 누구 것인지 알 사람 다 안다. 호루라기 불면 들어오라 했는데 어머니의 호루라기는 한참이 지나도 들리지 않고 오도 가도 못한 조금새끼들은 정박한 배처럼 문밖에서 하염없이 기다린다. 어머니는 보름을 기다려 하루를 살지만 조금새끼는 한 달에 두 번 문밖에서 하루를 산다. 바다에 나가 영영 돌아오지 않는 아버지도 홀로 남는 어머니도 참 많았다. 아버지 한 분에 어머니 둘, 조금새끼 십 남매 그때는 다 그랬다. 한 그물 속에서 그렇게 섞여 살았다고 누이는 막걸리초에 지나온 세월을 버무린다.

어쩌면 남편을 바다로 보내는 어머니는 모두 다 작은 각시 아닌가. 바다는 아버지를 데려다가 보름이 되어서야 돌려보내곤 했는데 언제부턴가 청상과부 작은어머니가 아버지를 차지하고 어머니는 살을 대지도 못했다. 한 달에 이틀뿐인데 그 이틀도 어머니는 멍청이 세월로 살았다. 조금이 돼도 돌아오지 않으면 어머니의 바다에는 소리 내지 못하는 파도가 쳤다.

남의 뱃속에서 낳은 새끼도 남편 핏줄이라고 내색 못해 큰어머니가 엄마가 되는 먹먹한 유년을 살았다. 두 분 다 이해할 수 없는 삶을, 낡은 풍경처럼 서로를 인정해주며 그렇게 섞여 살았다. 아침에 우는 새는 배가 고파 울구요 저녁에 우는 새는 님이 그리워 운다며 조금을 기다리던 어머니의 육자백이, 먼 바다를 향해 청솔개비 두드리던 그 노래를 들으며 우리는 막걸리초처럼 속으로 속으로 삭히며 핏줄이 되었다. 오랜 기다림을 절여 아버지의 입맛을 달래는, 아버지의 하루를 훔치는 어머니의 막걸리초가 되었다.

어머니의 바다는 속 깊은 먼 바다, 겉으로 파도가 쳐도 깊은 속을 다 알 수가 없다. 날이 새면 어김없이 바다로 가는 아버지를 묶어놓지 못해 뜬눈으로 밤을 샌다. 눈을 뜨지도 감지도 못하고 밤새 하현달로 떠 있는 밤, 이번 조금 아버지 돌아오시면 당신의 아랫목 오래도록 따뜻할 수 있을까. 평생 바다를 보고 살아온 아버지도 어머니도 40년 배를 탔다던 정씨 아저씨도 바다가 무섭다는 말에 술잔에서 파도가 쳤다.

문밖에서 아버지를 기다리는 파도 소리 자꾸만 자꾸만 어머니의 가슴을 쳤다.
—「조금새끼로 운다」전문

시 속에 나오는 '아버지'와 '어머니'는 요즘으로 치면 '주말(격주)부부'쯤 될까. 말해 놓고 보니 좀 가볍다. 요즘은 교통수단이 발달하여 주말부부라 하더라도 별로 먼 감이 없지만 옛날을 생각하면 그렇지 않았을 것이다. 더욱이 배를 타고 바다에서 보름씩 지내야 하는 상황은 많이 다르다. "배 타고 나간 아버지는 한 달에 두 번 조금이 되어서야 돌아왔"고 '어머니'는 그런 아버지를 기다리며 사랑을 갈구한다. "조금이 되어야 뜨거워질 수 있었"으므로 '아버지'와 '어머니' 사이에서 태어난 "우리는 조금새끼"라고 자조한다. 예나 지금이나 배를 타는 일은 위험하고 뭍에서 기다리는 사람은 더욱더 조바심이 크다. '아버지'의 관심에서 밀려난 '어머니'의 속 타는 심정은 이루 말할 수 없었을 것이다. "언제부턴가 청상과부 작은어머니가 아버지를 차지하고 어머니는 살을 대지도 못했다. 한 달에 이틀뿐인데 그 이틀도 어머니는 멍청이 세월로 살았다."는 서술에서 어머니의 딱한 사정이 잘 드러난다. 시적 화자는 "날이 새면 어김없이 바다로 가는 아버지를 묶어놓지 못해 뜬눈으로 밤을 샌다."는 어머니를 한없이 연민한다. 그러나 성장한 화자에게 그런 상황은 이미 지난 과거의 일이고 그저 처연하게 받아들일 수밖에 없는 것. 특히 "큰어머니가 엄마가 되는 먹먹한 유년을 살았다."고 회한하는 부분에 이르러서는 화자는 역지사지의 심정으로 모든 것을 운명으로 수렴하는 태도를 취한다. 유년의 기억으로부터 훨훨 떠나고 싶은 심정이 아닐까.

아래의 시는 과거의 기억을 떠나지 못하는 시인의 자의식을 보여준다.

> 제 계절을 잃은 것들에 쌓여 시를 쓴다
> 쓰지 않아도 버리지 못하는 어머니의 재봉틀과
> 이제 막 외면당한 선풍기를 생각하며 시를 쓴다

> 기다리는 것들에 쌓여 시를 쓴다
> 보자기에 싸인 두툼한 겨울옷과
> 입택 선물로 들어온 파워크린, 하모니, 센서브라이트……,
> 다양한 이름의 세제가
> 제 차례를 기다리는 다락방에서 시를 쓴다
> 지나간 것들이 버림받는,
> 버림받지 않는 이유를 생각하며 시를 쓴다
> 차곡하게 쌓인 다락방의 물건들 틈
> 빛바랜 앨범을 펼쳐
> 흑백으로 꽂힌 유년의 기억 그 편린들 속을 헤매다
> 그만, 시를 잃어버린다
> ─「추상(秋像)」 전문

'다락방'에서 시를 쓰고 있는 시인의 어지러운 상념을 서술하고 있다. 무엇을 써야 하는가. 지금 시인은 그것을 고민하고 있다. 주위에 있는 물건들을 나열하면서 '시를 쓴다'는 서술을 반복하고 있다. 시를 쓰려는 마음과 시가 안 써지는 마음 상태를 연속적으로 드러내고 있다. 이러한 갈등과 고민은 모든 시인이 경험하는 것이 아닐까 싶다. 오랫동안 시를 쓰지 않다가 갑자기 시를 쓰려고 할 때 밀려오는 절망감 같은 것일 것이다. 시는 쓰려고 할수록 더 안 써지는 경향이 있다. 그럼에도 시인은 시를 써야 한다는 강박에 시달린다. 시가 안 써질 때는 오히려 안 써진다고 말하는 것이 좋지 않을까. 이 시는 그런 화법을 구사하고 있다. 제목이 '추상(秋像)'이니까(만든 말인 듯) 아마도 가을에 목도하는 여러 물건들의 형상(꼴) 정도로 해석된다. 가을은 결실 후의 소멸을 상징하는 계절이다. 따라서 쓰임을 다한 것들이 '다락방'에 모여 있는 상황도 가을과 관련이 있어 보인다. 쓰임을 다한 것들은 과거의 추억을 품고 잊힌다. 시인의 '다락방'에 쌓인 물건들도 잊혀 가는 것들이다. 어떤 물건들은 다시 쓰이겠지만 그중에는 영원히 잊히는 것들도 많을 것이다. 시인은 "지나간 것들이 버림받는,/버림받지 않는 이유를 생각하며 시를 쓴다" 그러다가 "빛바랜 앨범을 펼쳐/흑백으로 꽂힌 유년의 기억 그 편린들 속을 헤매다/그만, 시를 잃어버린다". 이 진술은 결국 유년의 아픈 기억이 시인의 현재적인 시 쓰기를 방해하고 있음을 고백한다. 애착이든 집착이든 시인은 과거의 자장으로부터 쉽사리 벗어날 수 없는 마음 상태임을 알 수 있다. 새로운 세계를 지향하는 시인에게 과거는 하나의 굴레로 작용한다. 비교적 가벼운 느낌의 시편들도 있지만 임호상의 시는 과거지향적인 사유에서 좀처럼 벗어날 수 없는 정서를 밑바탕에 깔고 있음을 알 수 있다.

임호상의 이번 시집에는 시인 자신을 포함하여 사회경제적 소외층에 대한 연민을 담은 시편들도 있는데 내적 사유가 다소 약하다는 점을 지적하고 싶다. 상투적이고 피상적인 언술만으로는 깊은 공감을 이끌어내기 어렵다. 굳이 꼽자면, 막차를 기다리는 고단한 서민들의 모습을 그린 「막차를 기다리며」는 자기연민의 상투성을 벗어나지 못했고, 민주화 투쟁으로 분신한 친구를 그린 「다시 그날을 기억하다」는 밋밋한 추억담에 그치고 말았다는 점이 아쉽다. 「실직」은 실직자가 된 시인이 어머니에게 차마 그 사실을 알리지 못하고 출근하는 척한다는 내용인데 절실함을 떠나 어디선가 읽거나 들은 듯해서 새롭지 않다. 시는 늘 새롭게 태어나야 한다. 익숙한 것으로부터 벗어나는 것이 시의 출발점이다. 필자에게는 아래의 시 구절이 훨씬 더 구체적인 감동으로 다가온다.

> 한 삽 쑥 밀어 넣으며
> 있는 힘껏 토끼풀을 떠내는데
> 실낱같은 수많은 생명들이
> 집 한 채, 속으로 속으로 짓고 있다
> 어릴 적 일곱 식구 옹기종기 모여 살던
> 단칸방 그 집처럼 여러 가족이 모여 산다
> 순간 내가 참 야박한 집주인 같았다
> ―「토끼풀」 부분

한편, 사물의 이름이나 입말체 사투리 등에서 착안하여 말을 굴리는 시편들은 맛깔스럽고 재미있다. 말맛을 더 느끼기 위해 행과 연 표시를 하지 않고 산문 형식으로 길게 늘어놓아 보자.

"먼나무를 먼나무냐 물으시니/거 뭐냐 거시기가 거시기냐 하는/전라도 사투리 같은 나무 아닌가//…(중략)…가로수길 즐비하게 선 먼나무들/빨간 사투리 같은 열매를 품고/참 거시기하다는 듯 키득키득 웃고 있다"(「먼나무」), "알고나 하는 말일까/아들 눈에 무에 그리 징할까 생각하며/나도 모르게/그 녀석 참 '징함네~' 하는데/뉴스를 보며 어머님도 한마디 하신다/'징함네~'//세상/참,/징함네~"(「징함네」), "아내가 물었다 왜?/그냥//딸이 물었다 아빠 왜?/그냥//건성으로 대답한 것 같지만/가장 깊고 정다운 말/그냥//그냥 좋다 그 말이//당신처럼/이유 없이 그냥 좋다"(「그냥」)와 같은 시편들을 읽으면 슬며시 웃음이 나면서 복잡한 세상의 이치를 꿰뚫는 촌철살인과도 같은 카타르시스를 느끼게 된다.

또한 「꼬막」「당신」「커피메이커」「복숭아」 등의 짧은 시편들은 각각의 대상들이 가지고 있는 속성이나 이미지를 여자와 동일화하여 에로틱한 상상을 자아내는데, 임호상 시의 특징적인 면모라 할 수 있다. 궤는 나르시만 다음의 시는 해학적인 발상이 돋보인다.

> 늦은 밤 어두운 침묵을 열고
> 작전 수행 중인 초병처럼
> 촉각 곤두세우며 들어선다
> "왔어요" 하는 암호도 오늘은 침묵

거실과 방 안에서 각자 잠복근무
　　오래되니 어둠도 옅어진다
　　한참을 기다리면 뒤척임마저 익숙한데 거실에 누운 두
　여자
　　어느 쪽이 마누라고 어느 쪽이 딸인지
　　벌써 다 커버렸네, 내 딸

　　　　　　　　　　　　　　　　　　　ㅡ「야근」 전문

　처음에는 그냥 '야근'으로 읽었다가 "거실과 방 안에서 각자 잠복근무"라는 구절에 이르러 무릎을 치게 된다. '아, 야근이 그 야근만은 아니구나!' 오늘따라 아내는 '사인'조차 없고 시인은 방에 누워 아내를 기다리지만 아내는 끝내 방으로 들어오지 않는다. 생활과 세월의 고단함이 묻어나는 대목이다. 잠을 설치며 '야근(?)'을 하던 시인은 마침내 참지 못하고 거실로 나와 보지만 이미 딸과 자고 있는 아내를 깨울 엄두가 안 난다. "벌써 다 커버렸네, 내 딸"이라는 결구에서 자조와 비애가 느껴진다. 해학은 이처럼 때때로 우리의 신산한 삶을 견디게 해주는 힘이 된다. 오탁번 시인의 해학적 시편들을 생각하게 한다.

　시인은 좀처럼 드러내지 않던 '어머니'의 사회경제적 신분을 불쑥 밝힌다. '어머니'는 '수난자'로서 시인에게 여전히 지울 수 없는 '트라우마'로 작용하고 있다. 아래의 시는 독자를 향한 일종의 커밍아웃과도 같은 심정을 담고 있다.

내 어머니가 바로 그분이시다
그래 맞다, 그 용맹스러운 과일장수(將帥)
어머니의 전장은
서시장 두 번째 다리 초입
30년 지루한 전쟁에도 끄떡없는 그 요새의 주인
결코 물러섬이 없는 장군이다

…(중략)…

다라이 몇 개에 목숨을 내걸고
화살 같은 칼바람에도
물러서지 않고 그 자리를 지켰다
추위를 견디는 것이 아니라
군장인 양 보듬고
칼바람 부는 날 휴전도 없이
오늘도 중무장하고 그 날선 새벽을 연다
― 「어머니」 부분

이 시는 생업과 관련한 '어머니'의 신분을 정면으로, 날것 그대로 드러낸 수작이다. 꿋꿋하고 힘 있는 어조를 통해 '어머니'의 삶의 현장을 낱낱이 밝힌다. '최상의 비유는 정공법'이라는 역설적 발상과 닿아 있는 시적 발언으로 읽힌다. 이때의 '어머니'는 피동적인 '수난자'가 아니라 적극적이고 능동적인 삶의 주체로 재탄생한다. 염려하는 말과 상투적인 수사로 얽혀 있는 '어머니'라는 굴레를 벗고 삶의 "전장"에서 용감하게 살아가는 시인의 '어머니'는 우리 모두를 먹여 살리는 '대모(大母)'와 같은 존재이다. 시인은 이런 '어머니'를 자랑스럽게 생각한다. "다라이 몇 개에 목숨을 내걸고/화살 같은 칼바람에도/물러서지 않고 그 자리를" 지킨 그 '어머니'가 없었다면 오늘의 시인도 우리도 없을 것이다. '봄이 되어도 풀리지 않은 발가락 동상'을 안고 오늘도 시인의 '어머니'는 시장으로 향한다. "어머니가 바로 그 분이시다"라는 첫마디가 가슴을 쿵쿵 울린다.

임호상 시인의 시는 대체로 세상을 긍정적으로 바라보고 수렴하는 태도를 바탕에 깔고 있다. 현실 세상을 향한 첨예한 비판보다는 가족과 고향에 대한 따뜻한 애정이 담긴 시편들이 주류를 이룬다. 특히, '제4부 여수의 노래'의 시편들은 시인의 본향이 여수를 중심으로 펼쳐진 섬들에 무한한 애정을 보이고 있는데 그 어떤 애향가보다 사무치는 정서를 품고 있다. 돌산의 모장마을과, 하화도, 오동도, 금오도 등은 시인의 삶과 밀접한 관계를 맺으면서 육화된 시어로 재현된다. 오랫동안 곁에 두고 살지(보지) 않으면 말할 수 없는 것들이다. 시인은 섬을 주로 여자에 비유하고 있는데 이는 곧 바다에 에워싸여 살아가는 섬(여자)의 숙명을 말하고 있음이다. 그의 시에서 섬은 처녀성과 모성을 동시에 가지고 있다. 시인은 「오동도」의 "동백꽃"을 "가시

내"의 "가슴팍 몽우리"로 비유하는가 하면 "구절초 흐드러지게 피는 꽃섬" 「하화도」에 와서는 "뒤돌아보기 위해 걷는다"고 여운을 남긴다. 순하고 경건한 마음가짐으로 "금오도에 올 때는" 다만 "아름다운 섬이 되어 오라"고 주문한다. 「섬」과 「섬 2」는 관념 속의 섬인데, 바다에 갇혀 사는 섬(여성)의 숙명을 담고 있다. 이때의 섬은 모성으로서의 섬이 된다.

> 여수에 오면 안다네, 여수에 오면 다 안다네
> 둘러보면 모두 한 폭의 그림인 것을
> 낮이고 밤이고 발길 머물게 하는, 미항이네
> …(후략)…
>
> 여수에 오면 안다네, 다 안다네
> 귀 기울이면 사방이 모두 가락이요 장단이란 걸
> 먼 바다를 뒤적이며 거문도 뱃노래를 불렀다네
> …(후략)…
>
> 여수에 오면 안다네, 여수에 오면 다 안다네
> 맛집이 어디냐고 물으면 촌놈이란 걸
> 그냥 문 열고 들어가면 다 맛집인 것을
> …(후략)…
>
> ─「여수의 노래」 부분

이 시는 말하자면 여수 찬가(讚歌)이다. 시각, 청각, 미각으로 이어지는 연 구성을 통해 여수의 아름다운 풍광과 넉넉한 인심을 감각적으로 노래하고 있다. 이 시를 읽으면 누구나 여수에 가고 싶을 것이다. 어려서부터 지금까지 시인이 정서를 키워온 본향이니만큼 남다른 애정을 보일 만하다. 「여수의 노래」와 「거문리서(巨文理書)」는 서정주 시인의 『질마재 신화』에 실린 시편들이나 문정희 시인의 「율포의 기억」, 곽재구 시인의 「전장포 아리랑」 등의 정서에 견줄 만한 애향가라 할 수 있다. 고향이야말로 마음껏 찬양해도 모자람이 없는 원형공간이다. 필자가 알기로 임호상 시인은 어려서 여수로 이주해 지금껏 여수에 생활 기반을 두고 살아가는 시인이다.

　일몰 무렵의 해를 '감'에 비유한 빼어난 시 한 편을 마지막으로 인용하면서 글을 맺는다. 「모장 풍경」처럼 임호상 시인이 앞으로 펼쳐 나갈 시작(詩作)이 치열하게 무르익기를 기대해본다. 그의 사람됨이 그를 증명하리라 믿는다.

　　큼직하게 잘 익은 홍시 하나
　　소경도, 샛섬, 넓섬
　　어떤 녀석 줄까 망설이다
　　슬그머니 모장 앞바다에 내려놓는데
　　소경도 녀석 참 속도 없지
　　할미 맘도 모르고 욕심 부리다

지놈 뾰족한 등짝에 터져
바다가 온통 벌겋게 번져버렸네
　　　　　　―「모장 풍경―모장마을 일몰」 전문

이 도서의 국립중앙도서관 출판시도서목록(CIP)은 서지정보유통지원시스템 홈페이지(http://seoji.nl.go.kr)와 국가자료공동목록시스템(http://www.nl.go.kr/kolisnet)에서 이용하실 수 있습니다.(CIP제어번호: CIP2016007936)

문학의전당 시인선 224

조금새끼로 운다

ⓒ 임호상

초판 1쇄 발행 2016년 4월 4일
초판 2쇄 발행 2019년 5월 29일
   지은이 임호상
   펴낸이 고영
   책임편집 서윤후
   디자인 헤이존
   펴낸곳 문학의전당
   출판등록 제2017-000002호
    주소 서울시 마포구 마포대로 11길 91, 3층
    전화 02-852-1977 팩스 02-852-1978
   전자우편 sbpoem@naver.com

    ISBN 979-11-5896-251-7 03810

* 이 책의 판권은 지은이와 문학의전당에 있습니다.
* 양측의 서면 동의 없는 무단 전재 및 복제를 금합니다.
* 잘못 만들어진 책은 바꿔드립니다.